Le Tonkin est-il surpeuplé ?

Conférence faite à la Société
d'Enseignement mutuel du Tonkin

le 12 Novembre

par **Henri Cucherousset**

Directeur de l'Eveil Economique de l'Indochine

HANOI
IMPRIMERIE TONKINOISE
80-82, Rue du Chanvre, 80-82
1925

Le Tonkin est-il surpeuplé ?

par Henri CUCHEROUSSET

Le Tonkin est-il surpeuplé ?

*Conférence faite à la Société
d'Enseignement mutuel du Tonkin*

le 12 Novembre

par **Henri Cucherousset**

directeur de l'Eveil Economique de l'Indochine

HANOI
IMPRIMERIE TONKINOISE
80-82, Rue du Chanvre, 80-82
1925

Le Tonkin est-il surpeuplé ?

Vous avez entendu ici il y a quelques semaines, des paroles qui ont étonné, et même scandalisé plusieurs personnes. « L'esprit souffle où il veut » a dit M. Marquet pour s'en expliquer. Cette parole est prise dans l'Ecriture Sainte ; l'esprit dont il s'agit c'est Dieu, avec qui l'auteur semble se confondre.

Qu'il permette à un compatriote de lui dire que l'art, l'inspiration, le souffle poétique même, n'autorisent pas à tout dire. Il reste une école de gens qui ne reconnaissent pas aux hommes de talent le droit de dire n'importe quoi, de jeter n'importe quelle semence d'idées, sans se préoccuper des conséquences. Pour beaucoup de gens encore le Décalogue de Moïse est la loi suprême. Ils estiment que le talent est un don de Dieu, qui confère à l'homme non pas des droits mais des devoirs, et par suite une responsabilité. Et il y a des hommes qui, même en dehors de toute croyance religieuse, obéissent à cette voix intérieure, qu'on appelle la conscience, et s'estiment responsables de la moindre répercussion d'une parole imprudente de leur part.

Quand M. Marquet dit : « L'écrivain, l'orateur, le savant, qui lancent des idées à travers le monde ont-ils à se soucier de leur germination ? », ces hommes répondent : « Parfaitement, Monsieur, ils doivent s'en soucier et ils en sont responsables devant Dieu et devant les hommes, ou devant leur conscience. »

Devant les hommes. Notre groupe d'hommes, le groupe français, a émis d'abord une déclaration de principe. L'art. 2 de la Déclaration des Droits de l'Homme dit: « Tout citoyen peut parler, écrire, imprimer librement sauf à répondre de l'abus de cette liberté, dans les cas déterminés par la loi »; puis il a fait une application précise de ce principe : l'apologie des faits qualifiés crimes est un délit puni par la loi.

Or M. Marquet, dans sa conférence suggère au moins deux faits que les Français considèrent comme des crimes : éliminer les vieillards, les faibles et les infirmes ; voler leurs terres à des gens paisibles : les Laotiens.

Il a si bien compris sa faute qu'il a demandé l'absolution et le bénéfice de la promesse divine : « Paix aux hommes de bonne volonté. »

Sa bonne volonté, d'ailleurs, tout le monde la connaît. Elle ressort assez de l'ensemble de sa conférence pour lui faire pardonner de vilaines suggestions. La situation qu'il a dépeinte était assez angoissante pour troubler un homme de cœur. Ceux qui n'ont pas dans le cœur la pitié pour le petit peuple ne suggéreront pas des remèdes excessifs à une situation qui les laisse indifférents.

Eh bien ! en lisant la conférence de M. Marquet quelques uns de ses compatriotes se sont sentis compromis aux yeux des Annamites et en quelque sorte tenus de se désolidariser non pas d'avec l'homme qui, sur le front, a si bien défendu la cause commune, mais d'avec quelques unes de ses théories.

Il est bon que les Annamites sachent que ce qui les a choqués a également choqué beaucoup de Français.

Nous n'entendons pas par là donner à M. Marquet une volée de bois vert, comme il a déclaré qu'il s'y attendait. Au contraire, nous admirons sa bonne volonté.

Des arguments, oui, nous en apporterons, moi et d'autres aussi. Déjà M. le Colonel Bonifacy, à qui son âge eût permis une certaine indignation, a gentiment relevé une erreur de fait : l'eau du puits et l'eau de la mare sont, dans le village annamite, bien distinctes et la population annamite ne boit pas plus que nous l'eau où elle se lave.

L'erreur initiale de Monsieur Marquet c'est lui-même qui l'indique.

« Les causes du progrès occidental, a-t-il dit, sont : 1º l'influence incessante des idées jetées dans le monde méditerranéen par le Curist,

2º la somme des intérêts.

Ceci dit, l'orateur s'est empressé d'écarter la première de ces deux causes, pour ne parler que de l'autre : la somme des intérêts, par quoi il faut sans doute entendre : le progrès matériel.

Mais ne semble-t-il pas que les Asiatiques, qui témoignent aujourd'hui par la bouche de certains de leurs penseurs une désillusion au sujet du progrès matériel, auraient lieu de se demander pourquoi on veut leur cacher l'autre cause, la première dans l'énumération de M. Marquet ?

Ils peuvent en être d'autant plus surpris, que M. Marquet lui-même, qui tremble à l'idée de ne pas paraître strictement laïque, a commencé sa conférence et l'a terminée par deux phrases tirées du Livre Saint.

Qu'il soit donc permis à un autre, qui réprouve cette attitude vis-à-vis d'une doctrine dont notre civilisation est si profondément imprégnée, d'apporter ici l'autre aspect de la question et les solutions qui en découlent.

Aux faits exposés par M. Marquet, il n'y a guère à reprendre. La petite erreur signalée par M. le Colonel Bonifacy ne tire pas à conséquence, et de la plus grande partie de cette conférence je serais fier d'être l'auteur. J'y retrouve beaucoup d'idées que l'*Eveil Economique* s'efforce de semer. Mais tout en acceptant les arguments de M. Marquet j'en tirerai d'autres conséquences.

Mais ce que je n'aurais jamais signé, ce que je préférerais me couper les mains plutôt que de signer, c'est le blasphème à l'égard de ce que vous, Annamites, et nous, Français, vénérons le plus : la vieillesse, et à l'égard de ceux précisément que le Christ a prescrit d'aimer et d'aider : les faibles, les infirmes, les opprimés.

Lorsqu'en 1911 les révolutionnaires chinois de Canton décidèrent de tuer leurs lépreux, ils étaient dans la logique de M. Marquet. Au point de vue de la seule raison rien de plus justifiable. Et lorsque les Français intervinrent pour empêcher ce crime, ils agissaient, eux, en vertu de leurs préjugés, de ces idées confessionnelles qu'il faut, paraît-il, cacher. Mais il faut croire qu'il y a au fond du cœur de l'homme bien peu de raison, puisque les Chinois non seulement cédèrent, mais confièrent leurs lépreux à des missionnaires et n'ont

cessé de verser depuis ce jour une sub-
vention pour leur entretien.

La vieillesse ! J'ignore si M. Marquet
n'a connu ni père, ni mère, ni grands parents ; auquel cas je le plaindrais sincè-
rement ; mais voici, quant à moi, ce
que je peux vous dire et mon cas est
celui de bien des Français.

J'ai perdu mon père étant enfant mais
j'ai vénéré à son égal ses deux frères
aînés. L'un d'eux survit ; il a 83 ans. Eh
bien ! nous sommes aujourd'hui 78, fils,
gendres, brus, petits enfants, neveux
petits neveux et arrière petits neveux,
qui tous, sans une seule exception,
avons pour ce cher vieillard la plus
profonde vénération, qui, tous, lui sou-
haitons ainsi qu'à la compagne de sa
longue existence de vivre le temps d'une
autre génération encore.

Il y a peut être des Français qui n'ont
pas pour leurs vieillards le même respect
et la même affection ; sans doute il y en
a ; mais pour mon compte il a fallu que
j'arrive à ma quarante septième année
pour en rencontrer un. Et vous, Annamites, qui avez vu pas mal de Français,
de bons et de mauvais, en avez-vous
jamais vu un seul manquer de respect
à un vieillard de chez vous ? et n'avez-
vous jamais entendu un Français dire
tout naturellement : papa, à quelque
beau vieillard à barbe blanche ?

Comment M. Marquet ose-t-il dire et

imprimer ceci : « Beaucoup a été fait, surtout grâce à la disparition des vieillards, à qui, en France comme en Annam, toute nouveauté semble un crime »?

Les vieillards disparus en France ? disparus même de la vie active ? même de la politique ? Quand ça ? C'est faux, archifaux, M. Marquet a rêvé. Mais les conseils d'administration de nos sociétés industrielles, commerciales et financières sont en grande partie composées de vieillards, mais dans presque toutes nos associations savantes ou de bienfaisance la majorité des membres se compose de vieillards; mais nos hommes politiques, en France plus que partout ailleurs, sont le plus souvent des vieillards.

On s'extasie chez nous devant la jeunesse d'un ministère où il n'y a que des hommes de 40 à 60 ans ; on traite de jeune ministre un homme de 50 ans et l'on voit aux heures de crise nationale le pays dirigé par des vieillards à cheveux blancs, des Ribot, des Clémenceau. Et quel âge donnez-vous donc à M. Doumergue ? Et à ses vénérables prédécesseurs, MM. Loubet et Fallières, à qui tous les Français, leurs anciens adversaires y compris, témoignent une véritable vénération ?

Toute notre littérature respire le respect aux vieillards ! Rappelez-vous le Charlemagne, Empereur à la Barbe Fleurie, de la *Chanson de Roland*, et le

Cid Rodrigue, qui sacrifie au devoir de venger son vieux père son amour pour Chimène; et si Molière a manqué de respect aux vieillards n'est-ce pas là aussi le grand reproche que lui a fait la postérité? tant ce manque de respect fit scandale !

Et les papes, que vénèrent des millions d'occidentaux sont presque toujours des vieillards. Léon XIII est mort à 93 ans, en pleine vigueur intellectuelle, peu d'années après avoir écrit sa fameuse encyclique sur les conditions des ouvriers.

Et cette Académie française et cet Institut, qui jouissent en France de tant de prestige, ne sont-ce pas des assemblées de vieillards? Et la jeunesse française a de tout temps montré un immense respect pour ces hommes qui, jusque dans leur extrême vieillesse, à 80, 90, 100 ans même, ont étudié, écrit, enseigné : Berthelot, mort à 80 ans, Becquerel à 90 ans, le chimiste Chevreul mort à 103 ans, Milne Edwards à 85 ans, l'entomologiste Fabre à 93 ans, l'écrivain Arsène Houssaye à 81, le géologue Stanislas Meunier à 91 ans, l'astronome Camille Flammarion à 83 ans, le géographe Adrien Guebhard à 101 ans, L. Delaporte, le dessinateur de la mission Doudard de Lagrée, à 83 ans, Victor Hugo à 83, Branly, dont on vient de célébrer les 80 ans, de Lapparent mort à 79 ans, l'académicien de Vogüé à 87, l'économiste Stourm à 80, le philosophe Jules Simon à 82, le journaliste Rochefort à 87, le philosophe Renouvier à 88, le géographe Onésime Reclus à 79 et son frère Elisée à 75, l'ancien ministre Emile Ollivier à 88, l'académicien Gaston Boissier à 85 et je pourrais en citer vingt autres pour ne parler que de notre époque.

Rappelez-vous les honneurs officiels rendus lors de l'inauguration des irrigations de Vinh-Yên, à un vieillard de cent ans.

Et voyez-vous, en Indochine même, les Français manquer de respect à leurs vieillards ? Vous avez tous lu le mois dernier dans les journaux le récit de la touchante cérémonie, au cours de laquelle M. le Résident Supérieur Pasquier prit la parole au nom de ses compatriotes, pour rendre hommage au vénérable évêque Allys. Ils sont rares les Français qui consacrent leur vieillesse en Indochine, mais ils n'en sont que mieux entourés de respect.

Pour nous, journalistes, si nous adoptons la coutume annamite qui fixe à 60 ans le début de la vieillesse, nous sommes fiers dans la Presse tonkinoise de deux beaux vieillards, dont la plume alerte au service d'une admirable mémoire nous donne des articles vivement appréciés : M. Piglowski qui depuis deux ans publie dans l'*Indépen-*

dance Tonkinoise ses « 40 ans de Tonkin » et notre excellent Colonel Bonifacy qui, tantôt dans *l'Avenir*, tantôt dans *l'Eveil*, tantôt dans la *Revue Indochinoise*, traite avec tant de vivacité et de bonne humeur charmante des sujets que tant de jeunes savants ne savent que rendre assommants et soporifiques.

Il ne s'est jamais trouvé en France un écrivain qnelconque pour trouver les vieillards encombrants. M. Marquet est le premier ; triste gloire ! Certes ! il a eu raison de dire qu'il ne parlait pas en Français, lorsqu'il a exprimé de pareilles pensées ; mais je ne pense pas non plus que vous admettiez qu'il ait parlé en Annamite.

.*.

J'ai dit que je ne m'arrêterais pas à d'autres critiques de détail. Certaines exagérations sont nécessaires lorsqu'on veut frapper les esprits. Je m'associe volontiers à M. Marquet lorsqu'il vous met en garde contre la croyance en la bienfaisance absolue de l'école. L'école vous donne un outil, l'instruction, outil pour le bien ou pour le mal, ou pour n'en rien faire du tout. L'école ne forme pas le caractère et c'est le caractère qui prime tout. Le caractère, c'est la famille, c'est la vie, c'est la lutte, c'est surtout la souffrance, l'épreuve qui le forme, et les difficultés vaincues. Mais je ne suivrai pas

M. Marquet quand il dit des Annamites:
« Quel est celui en qui, jadis ou de nos
jours, a brillé la flamme du génie? Moins,
même, celle du talent ?» Eh bien! je lui
citerai au moins deux noms comme
preuves que votre race ne manque tout
de même pas d'hommes de talents : le
Père Six, le fameux curé de Phat-Diêm
et Petrus Ky, le savant Cochinchinois,
auquel on élève en ce moment une
statue à Saïgon.

Mais M. Marquet a eu raison de vous
dire : « Ne comptez pas pour développer les caractères et les talents sur la
multiplication des écoles ».

Il est bon d'insister là-dessus.

L'école peut aussi bien tuer le caractère et étouffer le talent que le développer.

C'est ce qu'à fort bien dit, dans *France-Indochine*, à propos de cette même
conférence, une personne qui signe R et
qui se dit un Annamite.

« La grande erreur des méthodes d'é-
« ducation moderne a été peut être de
« considérer l'école comme la panacée
« universelle, la pourvoyeuse de tous
« les hommes nécessaires à l'activité
« sociale.

« Chez un peuple déjà si enclin à croi-
« re à la supériorité de l'intelligence pure
« cette erreur ne peut être que plus grave
« en ses conséquences. Ce qui nous man-
« que ce sont des hommes de caractère.
« Ce qu'il nous faut surtout c'est une

« éducation du caractère en vue des
« luttes pour la vie ».

Et voyez à quel point cette idée là
est dans l'air.

La Revue *La Science et la Vie* publiait à ce sujet dans son dernier numéro
quelques réflexions d'un grand penseur :
le Dr Gustave le Bon, qui méritent d'être méditées : « Je ne crois pas, dit-il,
« que l'intelligence et l'instruction con-
« tribuent à la vulgarisation de la Scien-
« ce. L'esprit scientifique, en effet, est
« réfractaire à la masse. C'est un don,
« comme celui de l'artiste ou du poète.A
« l'instar du génie créateur vous pouvez
« trouver l'esprit scientifique chez les
« individus les plus humbles, voire les
« plus incultes et constater qu'il n'atteint
« pas des maîtres de la pensée. L'intel-
« ligence et l'instruction peuvent le dé-
« velopper, elles ne le font pas naître ».
— Plus loin l'éminent philosophe ajoute:
« C'est presque toujours hors de l'école
« — on pourrait presque dire : malgré
« l'école, qu'apparaissent les esprits émi-
« nents et novateurs. De même qu'en art
« le disciple docile n'est jamais qu'un
« être falot et sans relief, de même, dans
« le domaine scientifique, l'école étouffe
« la personnalité. »

Ceci n'est pas pour vous dire : n'envoyez pas vos enfants à l'école ; mais
pour vous avertir que l'école a un rôle
secondaire et non pas primordial.

Par elle seule l'école ne saurait former que des hommes de deuxième plan, des employés, des techniciens en sous-ordre ; elle ne forme pas les vrais chefs. Les chefs, les hommes d'initiative et de talent c'est la vie qui les forme. L'instruction n'est pour eux qu'un instrument utile, aussi nécessaire que le buffle au paysan ; mais pas plus. Un paysan paresseux cultivera mal son champ, même avec un bon buffle et un paysan énergique s'attellera lui-même à sa charrue en attendant de pouvoir louer le buffle du paresseux.

. .

Par contre je ne partage qu'en partie l'avis de M. Marquet quand il dit que le climat indochinois est la cause que bêtes et gens sont plus petits qu'en Europe. Le fait lui-même n'est pas tout à fait exact. On trouve en Europe des chevaux géants, mais aussi des nains ; le poney de Shetland est de la taille d'un gros chien ; de même il y a en Bretagne des vaches plus petites que les vôtres tandis que le bœuf sauvage de Cochinchine atteint une taille énorme. Nous avons au Nord de l'Europe une race d'hommes très petits : les Lapons Et l'on trouve aussi au Tonkin de solides gaillards pour l'artillerie.

Avant donc d'accuser le climat il faut examiner s'il n'y a pas aussi d'autres causes. Et de ces différentes causes de la faiblesse physique actuelle de plusieurs races d'Indochine, le climat n'est peut être pas la plus difficile à combattre. Il y a là surtout une question morale, une question de volonté.

La race blanche se répand et prospère aujourd'hui dans ces régions froides que nos ancêtres croyaient inhabitables, et où quelques maigres tribus d'Indiens, d'Esquimaux, de Samoyèdes ou de Toungouses vivaient d'une vie misérable et précaire.

．．

Je ne comprends pas qu'un homme cultivé se base encore sur les théories de Malthus, théories, que les faits ont presque partout démenties.

Cet écrivain anglais, mort il y a une centaine d'années, avait cru remarquer que, s'il ne se produisait rien d'anormal, la population d'un pays croissait beaucoup plus vite que ses ressources. C'est tout au plus une observation qu'il a faite pour certains pays et à une certaine époque, et en tenant pour anormal ce qui est normal : les calamités résultant de la nature humaine, des instincts et des passions, qui peuvent être momentanément dominés ou dirigés mais non pas déracinés.

D'ailleurs l'époque qui a suivi a démenti les théories de Malthus. L'Angleterre, qui avait 16 millions d'habitants il y a cent vingt ans, en a 48 millions aujourd'hui et ces quarante huit millions vivent beaucoup mieux, sont beaucoup mieux nourris, ont beaucoup plus de ressources que leurs ancêtres. L'Allemagne fournirait le même exemple et combien d'autres pays ! C'est que, depuis Malthus, l'application des sciences à la vie pratique a multiplié le rendement humain, que les méthodes de culture se sont beaucoup perfectionnées, que des ressources nouvelles ont été mises à jour.

Je vous ai parlé plus haut de ces régions froides qu'au temps de Malthus on croyait inhabitables. Le meilleur exemple en est le Canada, que Voltaire poussa Louis XV à abandonner, comme sans valeur. Je pourrais vous citer le désert américain. En beaucoup d'endroits où, au siècle dernier, tant de voyageurs sont morts de faim et de soif, s'étendent aujourd'hui, à perte de vue, grâce à l'irrigation et à l'art de la culture à sec, des champs de blé et des vergers. Autre exemple : la Tunisie, grenier d'abondance il y a encore 1.500 ans, au temps de St Augustin, transformée en grande partie en désert en quelques siècles d'occupation arabe, qui

reprend aujourd'hui rapidement sa caractéristique d'autrefois. Il y a quarante ans Sfax était un petit port sans
commerce, en plein désert ; aujourd'hui
c'est un des grands ports du monde, du
fait seul de ses exportations ; les vergers l'entourent dans un rayon de 50
km. ; sa population a triplé mais les
ressources ont centuplé. Sfax par ses
olives et par les dattes et les engrais
chimiques de son arrière pays va nourrir ailleurs des millions d'hommes.

Au Tonkin même, la théorie de Malthus est démentie par les faits. Je contes-
te cette affirmation de M. Marquet
« l'arrivée *hygiénique* des Français a
eu pour résultat de faire chaque année
crever un peu plus de faim les Tonkinois. »

Il me semble que tout observateur
qui a regardé un peu autour de lui depuis dix ou quinze ans, à plus forte raison depuis 25 ou 30 ans, a pu noter que
d'une part la population est devenue
plus nombreuse, et que d'autre part elle
jouit, d'une façon générale, d'un plus
grand bien-être. Il y a plus de gens
bien nourris aujourd'hui qu'il y a quinze
ans, et mieux vêtus et mieux logés, même dans les villages les plus lointains.
C'est que le pays produit plus de riz et
que, grâce au développement de leurs
diverses industries, les Tonkinois ven-
dent à l'étranger. Ils en reçoivent en

échange farine, lait condensé, biscuits, confitures, boissons stimulantes etc. dont l'usage se répand de plus en plus dans les campagnes ; pétrole, étoffes, outils, bicyclettes, machines à coudre qui, apportent plus de bien-être dans les villages les plus reculés.

Cela saute aux yeux.

D'autre part les colons français, qui ont transformé en terres productives de grandes étendues de brousse, ne demandent qu'à payer 0,20 et 0,25 par jour ces ouvriers agricoles qui vivent si misérablement dans leurs villages ; mais souvent ceux-ci semblent préférer cette misère au travail.

.·.

Il y a quelques années les journaux eurent une intéressante discussion sur le paupérisme au Tonkin. Les meilleurs observateurs, ceux surtout qui n'avaient pas à faire mousser une œuvre philanthropique, conclurent qu'il y avait dans les villages une vie misérable, certes, mais non pas le paupérisme, car le paupérisme suppose chez ses victimes le désir de mieux vivre.

Toutefois dans plusieurs provinces du Delta, en particulier Namdinh et Thaibinh, la population a atteint le maximum que, dans l'état actuel, ces provinces peuvent nourrir, même misérablement. Et comme le dit avec raison M.

Marquet. c'est le double de ce qu'elles
pourraient nourrir convenablement.

Mais la partie pauvre de la population,
par paresse, ignorance ou fatalisme, se
contente du peu qu'elle a. S'il n'en était
ainsi les provinces de Namdinh et de
Thaibinh ne pourraient pas aujourd'hui
nourrir chacune un million d'habitants ;
mais elles pourraient assurer un bien-
être suffisant à toute cette population
avec les ressources qu'il serait facile d'y
développer.

Un projet d'assèchement permettra
prochainement, sur quelque 40.000 hectares de la province de Namdinh, de faire
neuf fois sur dix la récolte du dixième
mois, actuellement impossible. En se-
cond lieu il serait possible, en employant des moyens plus puissants, d'acti-
ver la conquête des lais de mer.

En troisième lieu les méthodes cul-
turales sont susceptibles d'améliora-
tion par un emploi plus répandu des
engrais chimiques.

Quatrièmement, la province est une
province maritime et cependant peu
d'habitants vivent de la mer et les pêcheurs ne s'écartent guère des côtes sur
leurs frêles embarcations. Or la pêche
peut être considérablement développée
par l'emploi de bateaux plus grands et
mieux construits, de bateaux à vapeur
et à pétrole et de bateaux à câles frigo-
rifiques amenant directement le poisson

frais à Namdinh par exemple, qui sera alors une grande ville de 100 à 150.000 habitants.

Namdinh en effet devrait être un port, tant fluvial que pour le petit cabotage, beaucoup plus important, employant plusieurs milliers de matelots sur ses flottilles.

Enfin la province se prête à un grand développement industriel. Normalement Namdinh devrait compter trois fois plus de grandes usines, et Lacquân devrait être une ville industrielle aussi grande que le Namdinh d'aujourd'hui.

En outre nombre de petites indus-tries peuvent se développer ; d'ailleurs il suffit de visiter la foire de Namdinh pour se rendre compte des aptitudes de la population dans ce sens.

La situation est la même à Thaibinh. Donc il est possible pour deux millions d'habitants énergiques de vivre conve-nablement dans cette partie du delta.

Néanmoins ce chiffre de deux millions d'habitants ne saurait être dépassé.

La nécessité d'une émigration hors de la province existe donc dès maintenant ; en fait le mouvement d'émigration a de-puis longtemps commencé. C'est parmi les habitants de cette région, que les mines de Hongay et les planteurs de Cochinchine, et depuis cinq ans, les plan-teurs et mineurs de Nouvelle Calédonie et des Hébrides viennent recruter des ouvriers. Nous indiquerons plus loin ce qu'il convient de faire pour intensifier ce mouvement. En tout cas c'est un fait certain, que dès maintenant, tout ce qui, dans ces deux provinces, dépasse le chiffre d'aujourd'hui, doit émigrer.

La situation sera bientôt la même dans la province de Hung-Yên, mais pas avant de longues années dans celles de Hadông et de Bac-Ninh.

En effet, grâce aux travaux considérables de drainage et d'irrigation projetés, dont ceux du bassin du Day vont être incessamment entrepris, la productivité agricole de ces provinces s'accroîtra dans une large mesure. De plus les provinces de Bac-Ninh et de Hadông, englobent la banlieue de Hanoï. Là s'installeront la plupart des usines et industries futures, qui fourniront la plus grande partie de la population de 350 à 400.000 âmes qu'aura un jour la capitale. Les industries, le commerce, la batellerie, la gare centrale et de triage du Tonkin, les administrations, la garnison, les écoles, assureront l'existence de cette nombreuse population par l'importation du riz de Cochinchine, si la région voisine n'en peut pas produire assez.

Voyons maintenant les autres provinces du delta : Ninh Binh. Phuly, Sontay, Phutho, Vinh-Yen, Phuc-Yên, Bac-Giang, Haiduong et Kiên-An.

Ce groupe de provinces a pour caractéristique qu'une partie de leur territoire est surpeuplée, une autre partie trop peu peuplée.

Elles ont donc dans leurs propres limites un déversoir naturel pour le surplus de leur population.

Kiên-An aurait surtout de vastes lais de mer et quelques collines et la possibilité de développer ses pêcheries et ses salines, mais Haïphong, avec ses industries, sa batellerie, la possibilité de développer son armement maritime, emploiera pendant longtemps encore tous les bras que la province pourra lui fournir. Les autres provinces ont toutes de vastes superficies dont la mise en valeur assurerait le bien-être à une nombreuse population. Les travaux d'irrigation de Bac-Giang, de Vinh-Yên, et de Sontay permettront à 50.000 + 17.000 + 14.000 h., soit plus de 80.000 hectares, de nourrir facilement deux habitants de plus à l'hectare soit 160.000 habitants. Mais ces provinces ont en outre des régions de collines et de montagnes couvertes de brousse, où l'énergie des Européens et d'un petit nombre d'Annamites a démontré qu'une population nombreuse pourrait prospérer.

La chaîne du Tamdao, par exemple, qui s'étend sur plus de mille kilomètres carrés, ne possède dans ses vallées et sur les flancs de ses contreforts que de rares hameaux *Man*, pas mille habitants en tout, soit un habitant au kilomètre carré. En Europe des montagnes de ce genre nourriraient au moins 30 habitants au km. carré, soit plus de 30.000 habitants.

Les cantons du Phuc-Yên et du Vinh-Yên, qui s'étendent au pied du Tamdao, rappellent ceux de l'Alsace au pied des Vosges, mais tandis qu'au Tonkin ces cantons n'ont pas 20 habitants au km. carré, ceux d'Alsace, dans la même situation, en ont au moins 160, soit huit fois plus. Je passe mes étés au Tamdao; eh bien! je vous assure que ça me fait mal de voir, de ma fenêtre, des milliers et des milliers d'hectares de belles croupes de montagnes couvertes d'herbages inutilisés, sans un seul village, sans une seule ferme.

Dans mon pays, sur les monts Jura, on verrait de tous côtés les toits rouges des villages et des fermes isolées éparpillées parmi les pâturages, qu'animeraient de toute part des troupeaux de vaches et de chevaux.

Heureusement l'exemple a été donné par des colons comme les Borel, les Bernard, les Lecomte, auxquels vos enfants élèveront des pagodes, s'ils ont un peu de reconnaissance. Ces colons français sont de vrais conquérants, des chefs, qui s'offrent à vous pour vous conduire à la conquête pacifique de terres qui n'auront été volées à personne. Voilà la

conquête à faire avant de songer à déposséder les paisibles possesseurs d'autres terres.

Plusieurs de vos compatriotes, d'ailleurs, suivant cet exemple, ont conquis
au bas du Tamdao, sur la brousse et non
pas sur de pauvres gens, de magnifiques
rizières, qui chaque année prennent une
plus grande extension. Dans la province
de Phutho vos compatriotes ne se con-
tentent pas de la rizière ; ils cultivent les
coteaux en vergers de thé, d'arbres à
laque, en jardins d'ananas etc. Près du
Vinh-Yên j'ai aussi remarqué des essais
de reconstitution forestière par des Annamites sur des coteaux impropres à la
culture.

Il existe d'ailleurs de Hongay à Viétri
toute une succession de petites collines,
qui étaient autrefois couvertes de pins.
Or le pin est un arbre très utile par sa
résine, par son bois lui-même et par les
produits de la distillation des racines et
des branches.

Ce sont là quelques exemples des
nombreux produits du sol qu'une population courageuse au travail et guidée
par une élite éclairée saurait tirer de ces
régions actuellement abandonnées.

Mais le sous-sol n'est pas moins riche.

De puissants gisements de charbon
sont déjà exploités dans le Dôngtriêu et
dans les provinces de Ninh-Binh et de
Phuly ; le fer se trouve en abondance au

pied du Tamdao et sans doute une prospection plus attentive révèlera d'autres métaux. Les entreprises minières offriront alors à des dizaines de milliers d'ouvriers un emploi rémunérateur.

. .

Voilà donc un groupe de provinces partiellement surpeuplées où les dangers d'une population trop nombreuse ne sont pas à redouter avant plusieurs générations.

Mais les deux groupes de provinces que nous venons d'examiner ne couvrent qu'une faible partie du territoire tonkinois ; dès que nous approchons de la moyenne région, c'est-à-dire d'une région de collines encore peu élevées et de belles vallées, la population n'a plus qu'une très faible densité.

Si nous envisageons d'abord un troisième groupe : les provinces de population en majorité annamite : Yên-Bay. Tuyên-Quang, Thai-Nguyên, Langson et Quang-Yên, nous y trouvons un débouché pour deux millions d'immigrants lorsque ceux ci voudront faire l'effort de défricher et assainir le pays pour y mettre en culture les terres fertiles, aménager les forêts pour les rendre productives et installer les industries que comportent les produits du sol et du sous sol.

Restent, pour ne parler que du Tonkin les **vastes** provinces non annamites de Hoa-Binh, Son-La, Lai-Châu, Ha-Giang, Cao-Bang, Hai-Ninh.

Ces provinces sont aussi fertiles que des régions montagneuses d'Europe vingt fois plus peuplées. Et les indigènes: Thos, Thaïs, Man, Meos ou Nungs sont des gens pacifiques qui ne demanderaient que d'accueillir des immigrants dans les conditions où, il y a quinze cents ans, les Gaulois de mon pays natal accueillirent les immigrants burgondes. En effet le terme de « grandes invasions », employé dans l'histoire de France, ne doit pas vous tromper ; il s'est agi surtout d'une formidable immigration, qui fut relativement pacifique. Les Gaulois rendus indolents par une des civilisations les plus raffinées que le monde ait connues, firent simplement un peu de place aux nouveaux venus, leur cédèrent un tiers de leurs terres, et, comble d'hospitalité, leur abandonnèrent en apparence le gouvernement du pays En apparence, car les rois francs ou burgondes furent bien obligés de choisir leurs ministres et leurs fonctionnaires parmi les Gaulois, instruits et civilisés, et tout le clergé et les moines étaient gaulois.

Un peuple qui est trop à l'étroit chez lui peut donc, sans conquête brutale, sans massacres ni expulsions, déverser son surplus sur un pays moins peuplé et c'est ce qui se passe tous les jours, en

Amérique du Sud, par exemple, où le Japon vient de signer un arrangement avec le Brésil pour donner des terres à 90.000 paysans nippons.

En fait, maintenant que les voies de communication et les moyens de transport le permettent, les riches paysans Thos ou Mans de la haute région offrent de gros salaires aux ouvriers agricoles annamites. Il suffirait donc que l'administration veillât à ce que ces ouvriers se conduisent bien et exécutent honnê-tement leurs obligations, pour que ce mouvement prenne une grande exten-sion. Peu à peu des familles se fixeraient dans le pays comme fermiers des pro-priétaires indigènes, et même y acquer-raient des propriétés. D'autres s'y fixe-raient comme commerçants.

Le Tonkin pourrait donc, sans émi-gration à l'extérieur, simplement en mettant tout le pays en valeur, nourrir le double de sa population actuelle. Il en est de même pour l'Annam et à plus forte raison pour la Cochinchine. En Annam, par exemple, les deux provin-ces de Vinh et de Thanh-Hoa ne sont très peuplées que sur une partie du ter-ritoire, laissant d'immenses superficies à peu près dépeuplées. Et c'est toujours pour la même raison : parce que la po-pulation suit la loi du moindre effort.

C'est la loi du moindre effort qui pousse des peuples à attaquer et massa-

crer des peuples plus faibles qu'eux et à
les dépouiller de leurs terres cultivées,
car, notez-le bien, c'est de leurs terres
cultivées qu'on vous suggère de chasser
les Laotiens. C'est plus facile que de défricher, drainer, irriguer, assainir et mettre en culture de nouvelles terres ; ainsi
certaines gens trouvent plus facile de
voler le bien d'autrui que de travailler
et se priver pour gagner et épargner
par un effort soutenu.

Il serait évidemment facile de profiter de ce que les Laotiens sont indolents
et pacifiques pour les chasser et leur
prendre leurs terres cultivées, leurs mai-
sons et sans doute aussi leur bétail. Ce
serait beaucoup plus facile que de re-
mettre en valeur par exemple les provinces de Thaï-Nguyên, Tuyên-Quang et
Yên-Bay.

Seulement vous vous trouvez, pour
un temps encore, en face d'un autre
genre de conquérants, de conquérants
qui ne volent pas leurs terres aux gens,
ne les expulsent et ne les massacrent
pas, mais mettent de l'ordre dans le
pays, en développent la productivité et
donnent à la population les moyens de
se multiplier tout en augmentant peu à
peu son bien-être. Je vous prie de mé-
diter un peu sur ces deux sortes de
conquêtes.

Ces conquéran's, ces impérialistes,
vous ont dit : Halte-là, cultivez d'abord

vos terres et laissez tranquilles les peuples plus faibles : Cambodgiens, Moïs ou Laotiens. La France ne vous aidera pas à les déposséder ; elle vous contraindra longtemps encore et vous aidera à conquérir, par le travail, votre propre territoire ; elle vous laissera chercher des terres nouvelles chez les Moïs, les Laotiens, les Thos, les Cambodgiens, mais peu à peu, et à la condition que vous vous y établissiez pacifiquement et sans chercher à dépouiller les indigènes.

C'est là qu'est la beauté de l'impérialisme. Grâce à l'impérialisme franco-anglais la péninsule indochinoise est une immense ruche d'abeilles travailleuses au lieu d'un épouvantable champ de carnage, qu'elle reviendrait immédiatement si, par malheur, la France et l'Angleterre s'en retiraient.

Voilà donc un fait acquis. Certaines provinces du Tonkin et de l'Annam offrent à leurs cantons surpeuplés un exutoire immédiat suffisant ; d'autres provinces dépeuplées offrent un magnifique champ d'action à la population des provinces entièrement surpeuplées. L'émigration vers la Cochinchine n'est donc pas encore urgente, vers le Laos encore bien moins et l'émigration à l'étranger ne s'impose pas le moins du monde.

Cependant, il serait maladroit de

s'en tenir à cet ordre. qui sera, éventuellement, celui des émigrations en masse.

Il est bon au contraire que d'ores et déjà se dessinent de petits mouvements d'émigration, individuels, familiaux ou mêmes de villages. Il peut être, dans certains cas, plus avantageux et plus commode de profiter de bonnes occasions au loin. en Cochinchine ou en Océanie, que d'aller beaucoup plus près mettre en valeur des régions fièvreuses. Surtout il n'est pas mauvais que l'émigration prenne déjà position, se crée des droits pour l'avenir.

Déjà cette émigration se fait, déjà même s'amorce l'émigration au loin, créatrice d'énergie.

En attendant l'utopie d'un exode d'un million de Tonkinois vers la lointaine île de Madagascar, il y en aura bientôt six mille en Océanie, en Nouvelle Calédonie, aux Hébrides, à Tahiti. En ce qui concerne Tahiti j'estime que cet archipel est trop lointain ; mais le Tonkin a tout avantage à envoyer, non seulement cinq ou six mille, mais je dirai, cinquante ou soixante mille de ses enfants en Nouvelle Calédonie et aux Hébrides, sans attendre que les Javanais prennent la place. Ces îles ne sont qu'à 15 à 18 jours d'Indochine par bateau direct. Dans l'ensemble, les Tonkinois qui y sont déjà paraissent s'y plaire ;

d'ailleurs nous serons bientôt fixés à ce sujet. Dans quelques semaines Monsieur l'inspecteur Delamarre sera de retour et publiera son rapport ; nous aurons mieux : le retour en fin de contrat des premiers partants. Si ceux-ci demandent à retourner où s'ils engagent leurs parents ou amis à y aller, la preuve sera faite, et ce seront là deux belles colonies à la disposition des émigrants annamites. C'est une faveur que d'autres peuples paieraient bien cher, d'autres peuples qui ne sont pas des enfants gâtés.

En ce qui concerne l'émigration vers la Cochinchine elle pourrait être accentuée ; jusqu'ici n'ont émigré que des petits commerçants et des ouvriers salariés. Mais je crois que, si l'on souhaite un mouvement d'émigration définitive et de plus grande envergure, il faut renoncer aux méthodes individualistes. Ce sont des méthodes communistes qu'il faut adopter, puisque le communisme est encore l'état social à peu près exclusif du pays. Je vois fort bien tel gros village de Namdinh obtenant en Cochinchine une concession de mille hectares, qui formerait un village du même nom. Cent jeunes ménages du village tonkinois, délégués par leurs familles, iraient en prendre possession. Le chef du nouveau village pourrait être un homme riche qui, pour obtenir cet honneur, au-

rait fait tout ou partie des frais du voya-
ge et de l'installation.

Il pourrait en être de même au Laos
pour des terres non encore cultivées
par les Laotiens ou bien qui ont cessé
de l'être ; mais là je n'envisagerais que
de très petits villages annamites dont
les jeunes gens seraient encouragés
à se marier avec des Laotiennes. Ainsi
s'est formée la race française. A la
suite des invasions, les races les plus
diverses vivaient les unes près des
autres sans se mélanger. Pour les y
amener, l'Eglise établit de telles prohibitions de mariage entre parents,
que toutes ces races campées parmi
les Gaulois furent bien obligées de se
marier hors de leur clan, soit avec les
Gaulois soit avec d'autres immigrants.
Ceci serait d'autant plus facile ici que
ces prohibitions de mariage consan-
guin sont dans vos coutumes.

. .

Ayant ainsi démontré que la nécessité d'une émigration en masse n'est pas
absolue et ne le sera pas avant bien des
générations, et qu'il y a encore bien
moins lieu d'imiter certains sauvages
d'Afrique et d'Océanie qui tuent et même mangent... les vieillards et les faibles, ayant démontré que, pendant longtemps encore, la population peut sans
danger continuer à croître, j'insisterai

maintenant avec M. Marquet sur la nécessité pour cette population de devenir plus vigoureuse et plus résistante, et par suite plus active. Il faut une population plus vigoureuse et plus résistante, plus saine physiquement pour faire rendre davantage à la terre, pour faire la conquête pacifique des terres vacantes ; pour fournir le travail nécessaire à l'accroissement des ressources du pays.

Non seulement il ne faut pas écarter les infirmes et les faibles, mais il faut les soigner et les fortifier pour qu'ils soient moins impuissants ; surtout il faut faire en sorte que leur nombre diminue faute de recrutement.

Il faut donc que la population se nourrisse, s'habille et se loge mieux et que les enfants soient nourris et soignés dans leur bas âge pour qu'ils grandissent dans de bonnes conditions.

C'est l'accroissement des ressources par plus de travail et de méthode qui rendra cela possible. L'industrie du pays et l'exportation de son surplus de riz permettra d'importer certains aliments qui renferment les principes nutritifs qui manquent au riz. La farine, le lait condensé et le cacao sont les trois plus importants ; il est bon d'en répandre l'usage dans la population. L'élevage développé dans les régions propices avec des méthodes qui rendront plus rares et moins destructives les épizooties, d'autre part le développement de l'industrie de la pêche et des moyens perfectionnés du transport du poisson frais, fourniront une alimentation plus riche que le riz seul.

Notons ici pour mémoire une des plus belles industries modernes, l'industrie du froid. Cette industrie devrait prendre en Indochine un grand développement ; toutes les villes et tous les marchés de quelque importance, situés le long des voies ferrées, devraient recevoir régulièrement des approvisionnements de viande et de poisson frais.

En ce qui concerne la pêche dans les mers voisines où vos pêcheurs n'osent pas s'aventurer faute de bateaux suffisants, il est intéressant de suivre les tentatives de l'Institut scientifique de Nhatrang, celles du savant professeur Krempf avec le chalutier-laboratoire de « Lanessan », et celles de plusieurs sociétés industrielles, pour tirer un meilleur parti de ces ressources. Certains journalistes, toujours prêts à critiquer mais bien incapables, eux, de produire cent kilos de nourriture, ont prétendu que c'est encore une entreprise capitaliste pour dépouiller le pauvre Annamite.

Ne croyez pas trop facilement ces prophètes de malheur. Les financiers, les capitalistes, les hommes d'affaires sont des gens très utiles ; ce sont leurs

abus qui sont dangereux. Ce sont souvent des créateurs et qui courent de gros
risques. Il y en a qui font fortune, on ne
vous parle pas de ceux qui se ruinent.
Et cependant il n'y a pas longtemps
qu'une grande entreprise française à
Benthuy a échoué. Il a été perdu plus
d'un million de piastres. Ces piastres,
qui les a perdues ? Des Français et des
Anglais, pas des Annamites.

Les hommes d'initiative demandent
quelquefois une rémunération excessi-
ve de leurs services ; mais ces services
sont quand même profitables à la masse. Sans les hommes d'initiative aucun
progrès n'est possible et des millions
d'Annamites continueront à mourir de
faim à côté d'une mer très riche en poisson, ou près d'immenses forêts susceptibles d'être transformées en belles plan-
tations.

Il faudrait améliorer l'élevage du porc
et de la volaille par des croisements
avec des reproducteurs choisis. M. Ma-
rius Borel avait pris une initiative aussi
coûteuse pour lui qu'intéressante pour
le pays mais personne ne s'y est inté-
ressé et les coolies du voisinage lui ont
volé, pour les manger, un coq qui
lui avait coûté 75 $. L'*Eveil Economi-
que* a maintes fois suggéré à ce sujet des
concours agricoles bien dotés de prix ;
mais ce que l'Administration ne fait pas
des associations pourraient le faire. De-

mandez le moins possible à l'Administration.

Les cultivateurs, surtout ceux qui ont
à leur disposition des terres trop élevées
pour être aménagées en rizières, devraient aussi améliorer par sélection
et greffage les arbres fruitiers

M. le Tông-Dôc de Hadông a eu en ce
sens une heureuse initiative. On aime-
rait voir quelques amateurs riches suivre cet exemple en diverses régions.
Pour les ananas, dont la culture a pris
un grand développement, il n'est pas
plus coûteux, ni plus difficile, de cultiver
la bonne espèce sucrée et savoureuse,
introduite par le jardin d'essai de Phu-
Tho, que l'espèce âpre et fade qui est la
plus répandue. Les pentes du Tamdao
en particulier et celles du Bavi me paraissent très propres à ces cultures.
Quant à ces belles montagnes de l'Est,
à ces vraies Pyrénées tonkinoises d'entre le Fleuve Rouge et la Rivière Noire,
à ce Jura d'entre la Rivière Noire et le
Sông Ma, il en devrait descendre chaque
semaine des trains entiers chargés de
fruits d'Europe tels que pommes, pê-
ches, prunes, noix, figues, oranges, etc,
et de savoureux légumes.

Il est donc possible non seulement de
nourrir au Tonkin le double de la population actuelle mais de la nourrir, de
la vêtir et de la loger, dans de bien
meilleures conditions.

Mais, me direz-vous, quand le Tonkin aura quinze millions d'habitants, quand l'Indochine en aura soixante quinze millions avec la densité d'un pays comme l'Italie, quand nous aurons essaimé dans des pays plus lointains, en Océanie, à Madagascar etc. que faire de notre surabondante population ?

C'est ce que j'appellerai de la prévoyance à long terme. D'ici là, vous aurez eu largement le temps d'apporter des modifications considérables à vos mœurs et coutumes.

Vous aurez pu en particulier renoncer à la coutume néfaste, pour la race, de mariages précoces et fixer une limite d'âge plus avancée.

Vous aurez pu vous inspirer du catholicisme et du bouddhisme et admettre pour une partie considérable de la population le célibat, légitimé par la consécration à un but désintéressé ; l'instruction de la jeunesse, l'enseignement de la morale, la science sacrée ou profane, le soin des aveugles, des infirmes et des malades, l'éducation des orphelins etc.

Dans nos provinces de France où les mœurs se sont conservées saines, particulièrement dans les milieux traditionnalistes, les familles qui ont généralement beaucoup d'enfants sont fières de donner un fils au moins à l'autel, une fille ou deux aux ordres religieux et l'on y voit souvent une des filles renoncer

au mariage pour se dévouer spéciale-
ment aux vieux parents ou aux enfants
d'un frère ou d'une sœur morts jeunes.
C'est ce qui se passe dans beaucoup de
familles paysannes de ma région. Ainsi
la race se maintient forte et saine et la
population nombreuse sans devenir
nombreuse à l'excès.

Les Mongols, eux, sont allés plus
loin ; une partie considérable des hommes se font moines, ce qu'ils appellent
lamas, et se vouent au célibat.

Grâce à cette heureuse institution ces
peuples ne deviennent pas plus nombreux que ne le comportent leurs ressources et leur science de l'agriculture.
Ce sont eux qui jadis, s'étant trop
multipliés, et ne sachant pas faire rendre davantage à la terre, ou n'ayant pas
le goût de l'effort méthodique et régu-
lier, ravagèrent l'Europe avec les hor-
des d'Attila et de Tamerlan et la Chine
avec les armées de Gengis Khan.

Notez que les Mongols sont de très
braves gens, un des peuples les plus di-
gnes d'estime du monde entier. S'ils ap-
prenaient à tirer un meilleur parti de leur
terre et à exporter, sous forme de froma-
ge et de lait concentré, le lait de leurs
immenses troupeaux, s'ils avaient des
chemins de fer pour emporter la laine
de leurs moutons et de leurs chameaux,
les peaux et autres produits et leur
apporter du riz, du blé, du sucre et au-

tres denrées des pays extérieurs, ce serait une bonne chose pour l'humanité qu'une nouvelle augmentation de leur population. Et il y a encore dans les pays voisins tant de terres vacantes, où une immigration mongole pacifique serait la bienvenue !

Mais voilà, ce développement pacifique des ressources du sol demande beaucoup de discipline, d'ordre, de travail, et c'est bien plus tentant, plus humain, hélas, d'aller faire aux autres la guerre fraîche et joyeuse, comme disent les Prussiens, et leur voler le fruit de leur travail.

Cette guerre-là n'a rien de commun avec l'impérialisme pacificateur, dont il est de bon ton de se scandaliser dans certains milieux.

L'impérialisme français et anglais qui, maintient entre les populations si diverses de l'immense péninsule indochinoise une paix si profonde et si féconde, est pour ces pays une bénédiction. Il vous impose ici une sage discipline qui, si vous savez la comprendre, fera de vous un peuple riche et fort.

On me fera l'objection qu'a faite d'avance M. Marquet : « Comment pouvez-vous demander un tel effort, de telles initiatives, qui supposent d'ailleurs des connaissances étendues, à ces masses de pauvres gens mal nourris, affaiblis par toutes sortes de maladies, abrutis par des siècles d'oppression et de pauvreté, et qui n'ont même pas l'idée d'améliorer leur sort ?

Aussi, Messieurs, ce n'est pas à la masse que je m'adresse mais à la classe dirigeante, à ceux qui se disent l'élite et réclament le droit de participer plus largement aux affaires publiques

Et je leur dis : Ce n'est pas seulement un droit, c'est un devoir ; mais diriger n'est pas exploiter.

Ce qu'on attend de vous, c'est que vous prouviez que vous pouvez faire mieux que de pressurer le paysan par l'usure ou par les moyens administratifs, que vous êtes capables de le diriger dans son intérêt comme dans le vôtre. Votre devoir est bien précis. C'est à vous qu'il appartient de guider la masse, d'organiser le travail, de prendre les initiatives pour augmenter les ressources du pays. A vous de vous instruire par l'exemple des colons ou les conseils des stations expérimentales, ou par la lecture des livres et revues, ou par des voyages d'études dans divers pays, à vous d'être les officiers de cette conquête pacifique.

Faites cela et vous vous trouverez être tout naturellement la classe dirigeante du pays.

Faites cela et vous vous apercevrez que vous n'avez pas besoin de demander à des réformes politiques la direction des affaires ; cette direction vous l'aurez tout naturellement quand vous aurez remporté sur vous même, sur le sol et sur le climat, la victoire pour laquelle je vous conseille de partir en guerre.

Henri GUCHEROUSSET

⚜

Certifié conforme au tirage s'élevant à Deux cent quarante exemplaires

Hanoï le 1er Décembre 194